Le Puits des Saints-Forts

ET LES CRYPTES

DE LA

CATHÉDRALE DE CHARTRES

PAR

Eugène LEFÈVRE-PONTALIS

DIRECTEUR DE LA SOCIÉTÉ FRANÇAISE D'ARCHÉOLOGIE

MEMBRE DU COMITÉ DES TRAVAUX HISTORIQUES

ET DE LA SOCIÉTÉ DES ANTIQUAIRES DE FRANCE

—•o•—

CAEN

HENRI DELESQUES, IMPRIMEUR-ÉDITEUR

RUE FROIDE, 2 et 4

1904

Le Puits des Saints=Forts

ET LES CRYPTES

DE LA

CATHÉDRALE DE CHARTRES

PAR

Eugène LEFÈVRE-PONTALIS

DIRECTEUR DE LA SOCIÉTÉ FRANÇAISE D'ARCHÉOLOGIE

MEMBRE DU COMITÉ DES TRAVAUX HISTORIQUES

ET DE LA SOCIÉTÉ DES ANTIQUAIRES DE FRANCE

———— •O• ————

CAEN

HENRI DELESQUES, IMPRIMEUR-ÉDITEUR

RUE FROIDE, 2 et 4

1904

LE PUITS DES SAINTS-FORTS

ET LES CRYPTES

DE LA

CATHÉDRALE DE CHARTRES

Les recherches archéologiques entreprises en 1901 par M. Merlet dans la crypte de la cathédrale de Chartres avaient pour but de retrouver le puits des Saints-Forts et l'emplacement de l'ancien sanctuaire de Notre-Dame-Sous-Terre. Elles sont actuellement assez avancées pour que je puisse en exposer les principaux résultats.

Au mois de juin 1900, avant d'avoir commencé ses fouilles M. Merlet avait indiqué, à l'une des séances du Congrès archéologique de Chartres, pour quels motifs les tentatives faites par ses devanciers avaient échoué. En s'appuyant sur l'autorité des chroniqueurs locaux, il avait montré, par le classement méthodique et critique de ces divers récits, que le puits des Saints-Forts et le centre du pèlerinage chartrain se trouvaient, avant le milieu du XVIIe siècle, dans l'avant-dernière travée du bas-côté nord de la crypte, derrière la cloison qui forme aujourd'hui le fond de la chapelle de Notre-Dame-Sous-Terre.

En raison d'obstacles imprévus, les fouilles ont été plus longues qu'on ne pouvait le supposer, mais les prévisions de M. Merlet se sont trouvées pleinement justifiées. On a découver n puits à la place précise où l'indiquaient les réc   concordants des historiens du XVIe et du XVIIe siècle. A l'heure actuelle, le sous-sol de cette partie de la crypte a été complètement exploré tant par les fouilles faites en 1843, 1849 et 1855, que par celles de 1901, 1902 et 1903. On est donc certain que le puits retrouvé par M. Merlet est le seul qui existe en cet endroit: par conséquent il s'iden ifie nécessairement avec le puits des Saints-Forts. Ce premier résultat est fort important, car la place c upée par cet antique monument permettra de tirer plusieurs conclusions au sujet des transformations successives des basiliques primitives élevées sur l'emplacement de la cathédrale actuelle.

Comme les puits de la cour de l'évêché, de la ville de Chartres et de la régi n, le puits des Saints-Forts a été creusé, sans revêtement de maçonnerie, dans le tuf très résistant formé par la ouche supérieure du calcaire de Beauce. Sa profondeur totale, mesur à partir du niveau du sol de la crypte, est de ^m55 : la hauteur de l'eau est de 3^m35. Dans le terr in crayeux, vulga ment appelé *marne*, il a été fo   plan carré : il mesurait d'abord 1^m20 en tous sens : mais, par suite d'un ressaut de 0^m10 dans les pa   i   a   s, à une certaine profondeur, qu'un

____

(1) C'est sur ce te retraite de 0^m10, rmée par les anciennes parois du puits, que vient d'être établie la maçonnerie montée jusqu'au niveau du sol de la crypte.

mètre carré (1). Il se termine au fond par une sorte de cuvette ovoïde creusée dans un lit de silex. Aujourd'hui le puits est complètement restauré : on a enlevé à grand'peine toutes les terres qui s'y trouvaient contenues, mais son histoire soulève des questions bien délicates.

Ce puits fut détruit et enfoui sous le dallage de la crypte vers l'année 1650, mais en quel état était-il à cette époque ? Rouillard, en 1609, nous apprend qu'il était « environné de treillis et balustres » et qu'il était comblé (2) ; un auteur plus ancien nous dit qu'il était déjà « estouppe » vers 1580 (3). On a pu constater en le vidant que les terres fortement tassées dont il était rempli devaient avoir été jetées dedans depuis plusieurs siècles. Une remarque fort judicieuse de M. Selmersheim, architecte de la cathédrale, permet de préciser l'époque à laquelle on dut le combler. Si l'on observe que le puits est situé entre

(1) Cette forme carrée de peu de largeur est une marque de l'antiquité du puits des Saints-Forts. Les puits creusés au moyen âge et dans les temps modernes sont généralement circulaires, mais c'est le plus souvent sur plan carré qu'ont été pratiqués les puits de notre pays aux époques gauloise et gallo-romaine. Au plateau de l'Ermitage, près d'Agen, il existe une quarantaine d'anciens puits, comblés pour la plupart ; ceux qui sont carrés sont les plus nombreux et paraissent aussi les plus antiques ; certains d'entre eux ont été fouillés et sont probablement antérieurs à l'ère chrétienne. Cf. J. Momméjà : *L'oppidum des Nitiobriges*, dans le *Congrès archéologique de France tenu à Agen et à Auch en 1901*, p. 215-219.

(2) Cf. R. Merlet : *Le puits des Saints-Forts*, dans le *Congrès archéologique de France tenu à Chartres en 1900*, p. 239, n. 1.

(3) Cf. L. Merlet : *Catalogue des reliques et joyaux de Notre-Dame de Chartres*. Chartres, Garnier, 1885, in-8°, p. 175, n. 1.

les fondations de deux des grosses piles qui soutien-
nent les voûtes du chœur gothique, il est inadmissible
que l'architecte du XIII⁰ siècle ait osé établir ces deux
fondations tangentes à un trou de 33 mètres de profondeur. De toute nécessité. il a dû, par mesure
de prudence, combler le puits des Saints-Forts jusqu'à une faible distance au-dessous de la margelle.
Tout en expliquant pourquoi le puits était déjà
« estouppé » vers 1580, cette remarque nous donne la
date où il fut mis hors de service, c'est-à-dire à la fin
du XII⁰ siècle, quand on entreprit la construction de
la cathédrale actuelle.

Antérieurement au XIII⁰ siècle, les chroniqueurs
chartrains nous fournissent plusieurs renseignements,
qui ne permettent guère de douter que le clergé et les
fidèles fissent usage de l'eau de ce puits. L'auteur, qui
écrivit au XI⁰ siècle la *Passion de saint Savinien*,
constate que le puits des Saints-Forts était d'une
grande profondeur, *magnæ profunditatis*. Nous
savons, d'ailleurs, qu'on avait créé dans une des
galeries de la crypte, à proximité du puits, un hôpital,
connu sous le nom d'hôpital des Saints-Lieux-Forts,
où les malades étaient soignés pendant neuf jours.
C'est au cours du XI⁰ et du XII⁰ siècle que les infirmes
affluèrent surtout en ce lieu pour s'y guérir du *Mal
des Ardents* (1). Or le moine chartrain, qui rédigea
vers 1080 le *Cartulaire de Saint-Père*, nous apprend
que le puits était, depuis l'année 858, l'objet d'un
pèlerinage très fréquenté et qu'il s'y opérait beaucoup
de miracles (2). Cette réputation miraculeuse permet

(1) R. Merlet : *Le puits des Saints-Forts*, liv. cit., p. 235.
(2) *Ibid.*, p. 227, n. 1.

de conclure que l'eau du puits des Saints-Forts était distribuée aux malades soignés dans l'hôpital voisin? Dès lors, on avait tout intérêt à veiller attentivement à la propreté de cette eau. Voilà pourquoi, quand on a récemment curé le puits, on n'a trouvé, au-dessous des terres jactices qui avaient servi à le combler, qu'une couche vaseuse de très faible épaisseur. Il semble résulter de ce fait que le puits fut soigneusement entretenu jusqu'au XIIe siècle.

Je viens de parler des travaux de curage récemment opérés par M. Merlet. Comme on devait s'y attendre, les terres argileuses, qui avaient été jetées dans le puits à la fin du XIIe siècle, ne contenaient aucun objet digne de fixer l'attention : par contre, les anciennes boues qui se trouvaient sous ces *terres jactices*, bien qu'elles fussent en très petite quantité, pouvaient présenter, au point de vue archéologique, un certain intérêt.

Ayant été délégués à cet effet par le Comité des travaux historiques, nous avons assisté, M. de Lasteyrie et moi, le 5 mai dernier, au tamisage des terres extraites du fond du puits par M. Merlet. Dans les dernières couches tamisées en notre présence, on a découvert, sans parler de grandes planches en chêne assez minces portant la trace d'assemblages, des fragments d'épaisses poteries du moyen âge, des clous, des morceaux de fer oxydé, et beaucoup d'ossements de poulets, d'oiseaux et de petits animaux.

Les fouilles entreprises par M. Merlet ont permis de reconnaître la place occupée jadis dans la crypte de Chartres par le sanctuaire de Notre-Dame-Sous-Terre, désigné depuis le XVIe siècle sous le nom de *grotte druidique*. Ce sanctuaire, si l'on s'en rapporte au témoignage des écrivains du XVIIe siècle, devait former dans le mur latéral de la crypte un renfoncement, une sorte de niche où l'on accédait par un escalier de quelques marches (1). C'est sous la voussure de cette grotte, d'après les anciennes gravures et les descriptions de témoins oculaires, que se trouvaient le puits, la statue et l'autel de la Vierge : la statue était sur l'autel, le puits était tout proche, du côté de l'Évangile. Quand on détruisit le puits des Saints-Forts vers 1650, on maçonna en même temps la *grotte druidique*, dont il ne reste aucun vestige apparent.

Or on a pu constater, au cours des derniers travaux, que la muraille latérale de la crypte présentait autrefois une large brèche qui comprenait l'emplacement du puits et s'étendait même au delà. Cette brèche, dont la forme et les dimensions n'ont pu être exactement reconnues, avait été bouchée après coup jusqu'à l'aplomb de la muraille (2), qui est soigneusement parementée, mais la maçonnerie de remplissage, composée de matériaux les plus divers, était simplement recouverte d'un enduit très épais. Ses fondations, qui recouvraient le puits, avaient été en partie établies sur des pilotis pour parer aux tassements pouvant résulter de la proximité de la fosse. Par conséquent, il y avait en cet endroit, dans le mur latéral de la crypte, avant la destruction du puits, une excavation

---

(1) Les fouilles faites en 1843 ont mis à découvert le commencement de cet escalier. Cf. R. Merlet : *Le puits des Saints-Forts,* liv. cit., p. 251, n. 2.

(2) Le mortier employé pour la maçonnerie de remplissage se distinguait nettement de celui qui a servi à construire le reste de la muraille.

dont le sommet pouvait atteindre 1ᵐ50 environ au-dessus du dallage de la crypte. Elle descendait jusqu'au sol vierge qui est à 3 mètres en contre-bas. C'est là que devait se trouver cette fameuse *grotte druidique*, entièrement maçonnée depuis le XVIIᵉ siècle, et qu'il serait difficile de reconstituer dans son état primitif, mais d'anciennes gravures en conservent au moins le souvenir.

Il me reste à signaler une découverte toute récente qui permettra peut-être de déterminer plus tard l'âge des substructions contiguës au puits des Saints-Forts. Au mois de juin dernier, les ouvriers, en faisant tomber le crépi qui couvrait la muraille auprès du puits et dans la travée voisine, ont mis à nu un petit mur O P, dont il était impossible de soupçonner l'ancienneté. Ce mur, qui était considéré comme un simple placage, est le reste d'une construction plus ancienne que la crypte ; il mesure 7ᵐ10 de longueur sur 1ᵐ70 de hauteur. Son parement se compose de petits moellons cubiques et son appareil ressemble à celui du caveau de saint Lubin, où les archéologues s'accordent à voir un des rares spécimens de l'architecture carolingienne. En plan, il est perpendiculaire à la muraille gallo-romaine qui limite le caveau Saint-Lubin du côté de l'ouest, et il se poursuit jusqu'au puits des Saints-Forts où l'on perd sa trace (1). Il fut utilisé au XIᵉ siècle pour supporter en retrait la

(1) Ce mur, avant la restauration toute récente du puits des Saints-Forts, avait 8ᵐ50 de longueur. Son parement en petit appareil s'arrêtait exactement à l'orifice du puits. On l'a abattu, ces temps derniers, sur une longueur de 1ᵐ40 pour dégager l'accès de la margelle, ce qui a modifié l'ancien état des lieux : il est bon de le noter pour en conserver le souvenir.

retombée des voûtes de la crypte, ce qui donne à la travée voisine du puits un tracé différant de celui des autres travées de la crypte de Fulbert.

Cette anomalie avait été déjà signalée, mais on n'avait pu en donner aucune explication satisfaisante. Comme ce mur en petit appareil s'arrête exactement à la margelle du puits, il semble qu'il y ait lieu d'en conclure que l'évêque Fulbert, lorsqu'il établit vers l'année 1020 les fondations de la crypte, ne détruisit pas cet ancien vestige, parce qu'il faisait partie d'un ensemble de substructions qu'on voulait conserver et qui comprenaient d'une part le caveau Saint-Lubin, d'autre part le puits des Saints-Forts et la prison de saint Savinien et de saint Potentien, aujourd'hui murée.

La suite des recherches entreprises par M. Merlet nous donnera, je l'espère, une solution plus précise de ces différents problèmes archéologiques. Tant que l'on n'aura pas fait de fouilles méthodiques sous le centre du chœur de la cathédrale, les conjectures les plus vraisemblables ne pourront être considérées que comme des hypothèses provisoires. J'ajouterai que ces nouvelles fouilles ne présenteront aucune difficulté si on se décide à creuser sous le dallage du chœur au lieu de vouloir percer le mur de la crypte. M. Merlet nous a déjà prouvé combien d'obstacles on peut vaincre avec de la persévérance. Il sera, d'ailleurs, grandement aidé dans sa tâche par l'intelligent concours de M. Selmersheim, dont le zèle éclairé pour tout ce qui intéresse le monument qu'il restaure, assure aux archéologues le plus bienveillant accueil.

Je crois que des investigations habilement faites dans le terre-plein de la crypte, qui correspond à la partie droite du chœur, aboutiraient à d'importantes découvertes. Sans parler de ce que l'on ignore, M. Merlet a démontré qu'on descendait en cet endroit jusqu'au milieu du XVIIe siècle dans le caveau connu sous le nom de « prison de saint Savinien et de saint Potentien ». Ce caveau fut muré et peut-être comblé vers 1650, mais, suivant toute vraisemblance, sa voûte n'a pas été détruite. Comme ces recherches au centre de l'abside offrent des chances de succès, il faut vivement souhaiter que M. Merlet trouve les ressources nécessaires pour mener à bonne fin cette nouvelle exploration.

*
* *

En attendant le jour où le sous-sol du chœur de la cathédrale aura livré ses secrets, il me semble indispensable de réfuter un certain nombre de théories émises en 1884 par M. l'abbé Hénault (1), et rajeunies l'année dernière par M. Albert Mayeux dans un article consacré à l'abside et à la crypte de Notre-Dame de Chartres (2). M. Mayeux, qui n'a contrôlé aucune des assertions historiques très hasardées de M. l'abbé Bulteau (3), prétend tout d'abord que la muraille gallo-romaine D E qui forme le fond de la crypte carolingienne dite « caveau de Saint-Lubin », est

(1) *Recherches historiques sur la fondation de l'église de Chartres.* Chartres, Garnier, 1884, in-8°, 526 p.

(2) *L'abside de la cathédrale de Chartres du IIIe au XIIIe siècle,* dans les *Mémoires de la Société archéologique d'Eure-et-Loir,* t. XIII, p. 49.

(3) *Monographie de la cathédrale de Chartres,* t. I, p. 16, 24, 26 et 41 à 46.

l'abside même d'une cathédrale primitive. Cette opinion est partagée par M. Enlart qui suppose que la première cathédrale d'Angers se terminait également par un chevet carré (1). Or les fouilles faites dans cet édifice par notre confrère, M. Louis de Farcy, au mois de septembre 1902, ont prouvé que le mur droit plaqué contre l'enceinte gallo-romaine au milieu du chœur actuel appartenait à l'église consacrée en 1030 par l'évêque Hubert de Vendôme (2). Si quelques basiliques d'Afrique se terminaient par un chevet carré, rien ne prouve que cette disposition ait été adoptée en France avant le IX⁰ siècle.

Au contraire, le passage du mur de l'enceinte gallo-romaine sur l'emplacement du chœur de la cathédrale de Chartres est conforme au tracé de ces remparts qui englobaient la cité primitive. Le nom de Lieu-Fort donné au puits des Saints-Forts jusqu'à la fin du XI⁰ siècle, suivant le témoignage du moine Paul, en conservait le souvenir (3). A Noyon, le mur romain passe dans le transept de la cathédrale, près de l'entrée du chœur ; à Senlis, on voit encore une tour gallo-romaine derrière l'abside de la cathédrale. En 1217, les chanoines du Mans obtinrent de Philippe-Auguste l'autorisation de percer l'enceinte gallo-romaine pour jeter les fondations du rond-point de la cathédrale. Il serait facile de multiplier ces exemples, mais il est certain que la plupart des cathédrales antérieures au XI⁰ siècle furent adossées au mur de l'enceinte. Leur

(1) *Manuel d'archéologie française*, p. 145.
(2) *Bulletin Monumental*, t. LXVI, 1902, p. 494.
(3) Ipse puteus Locus Fortis a civibus usque hodie vocitatur. Guérard : *Cartulaire de Saint-Père de Chartres*, t. I, p. 46.

abside devait jouer un rôle défensif, comme on peut le voir encore à Avila, en Espagne, où le chevet en hémi-cycle de la cathédrale du XIIIe siècle fait corps avec les remparts de la ville.

Il faut donc considérer comme une restitution fantaisiste le plan du chevet plat de la cathédrale primitive donné par M. Mayeux. Dans une visite faite au printemps dernier avec M. de Lasteyrie, nous avons reconnu que la partie D E du mur gallo-romain qui se trouve au centre du caveau de saint Lubin, à droite et à gauche de la demi-colonne engagée H, devait correspondre à l'emplacement d'une tour pleine dont la forme ronde ou carrée (1) pourrait être déterminée par des fouilles. Son diamètre extérieur est de 7m40 environ, ce qui correspond à la largeur moyenne des tours gallo-romaines (2). Le parement de cette tour est arraché, comme le prouvent les cassures de tous les carreaux de briques et le piochage du petit appareil qui porte la trace de nombreuses reprises faites par les ouvriers qui élevèrent la petite crypte carolingienne.

Ce mur D E diffère du mur B C qui se trouve en retrait du côté nord, près de l'entrée actuelle du caveau (3), car ses cordons de briques sont moins espacés. Le défaut de concordance des rangs de briques semble indiquer qu'une reprise fut faite dans le mur d'enceinte, à gauche de la tour. Au-dessus de la cachette à reliques R creusée de ce côté, les petites pierres cubiques du parement se sont conservées intactes. Sous un des

---

(1) Il y avait quatre tours carrées aux angles de la cité de Beauvais.

(2) Les tours de l'enceinte de Senlis ont six mètres de largeur et celles du Mans 10 mètres.

(3) L'ancien escalier de la crypte, remanié au XIIIe siècle, occupe l'angle sud-ouest.

cordons de briques supérieurs, un trou de boulin permet de constater que les carreaux de briques juxtaposés traversent la muraille. On voit même au fond quelques briques posées obliquement dans le blocage central du rempart.

Le décrochement actuel du mur d'enceinte s'explique facilement par l'existence d'une tour pleine qui a disparu en partie et dont la saillie est dissimulée par les deux contreforts K du IXe siècle, mais cette disposition conduit M. Mayeux à imaginer une niche rectangulaire pour loger l'autel au revers du mur. Il obtient ainsi un plan dont j'ai signalé plusieurs exemples au XIIe siècle dans les églises du Soissonnais, notamment à Aizy, à Bazoches, à Chacrise et à Montigny-Lengrain, mais qui serait tout à fait exceptionnel à l'époque gallo-romaine.

En parlant des premières églises bâties sur l'emplacement de la cathédrale, M. Mayeux prétend que le puits des Saints-Forts retrouvé par M. Merlet se trouvait en dehors de ces édifices. Il fonde son opinion sur cette phrase empruntée à la passion de saint Savinien : « Qui situs erat penes Dei genitricis basilicam », mais ce texte d'un moine de Saint-Pierre-le-Vif de Sens, qui n'est pas antérieur au XIe siècle (1), bien que M. Mayeux le fasse remonter au Ve siècle, n'a qu'une valeur très relative pour indiquer l'état des lieux au IVe siècle. D'ailleurs, en interprétant les mots « penes Dei genitricis basilicam » par ceux-ci : « près de la basilique de la Mère de Dieu », M. Mayeux fait un véritable contre-sens, puisque la traduction exacte

---

(1) Duchesne (L'abbé) : *Fastes épiscopaux de l'ancienne Gaule*, t. II, p. 396.

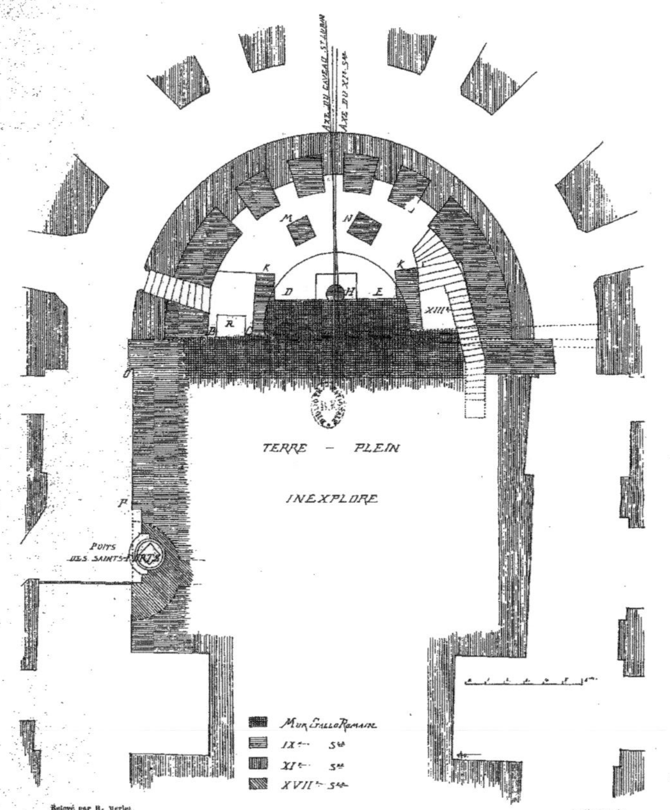

Cathédrale de Chartres.

Plan de la crypte carolingienne.

implique l'existence du puits à l'intérieur de la basilique, comme le moine Paul l'affirme (1), suivant une
règle constamment appliquée dans les plus anciennes
cryptes de la France (2).

M. Mayeux, qui est mal renseigné, voudrait assi-
miler le caveau dit de saint Lubin à la prison de
saint Savinien et de saint Potentien, enfouie sous le
terre-plein du chœur, mais son hypothèse est en
contradiction flagrante avec le récit des chroniqueurs
chartrains du XVIIe siècle. Le chanoine Estienne, qui
a soigneusement décrit le caveau de saint Lubin,
dont il a relevé le plan, déplore amèrement la dispa-
rition et la destruction de la prison de saint Savinien
et de saint Potentien. Il distingue donc d'une façon
formelle l'une et l'autre construction. La prison de ces
deux martyrs, située à côté du puits des Saints-Forts,
se trouvait séparée du caveau de saint Lubin par la
muraille romaine. Elle était donc dans l'intérieur de la
cité, à quelques mètres en arrière de l'enceinte.

Il me semble inutile de discuter la théorie de
M. Mayeux sur l'emplacement de l'église bâtie à
Chartres par l'évêque Castor au IVe siècle. On ne sait
absolument rien sur l'existence de ce personnage et il
serait même impossible d'affirmer en quel siècle il
vécut. Comment donc M. l'abbé Bulteau a-t-il cru
pouvoir affirmer que l'évêque Castor avait construit
une cathédrale vers 350 (3) et comment M. Mayeux

(1) « In puteo quodam intra ipsam ecclesiam sito ».

(2) Après avoir dit, p. 50, que l'église de l'évêque Castor lais-
sait extérieurement le puits des Saints-Forts, M. Mayeux dit,
p. 53, que cette église comprenait déjà le puits dans son périmètre. Il n'hésite donc pas à se contredire lui-même.

(3) *Monographie de l'église de Chartres*, t. I, p. 24.

accepte-t-il une pareille opinion, en ajoutant que cet édifice s'étendait jusqu'à la sixième travée actuelle et que sa nef avait en longueur le double de sa largeur (1) ? On peut faire la même observation sur l'église de Godessald dont les auteurs modernes ont parlé, mais dont l'existence est problématique. Hunald, duc d'Aquitaine, incendia la cathédrale en 743, après avoir pillé la ville (2), mais à cette date Codessald était-il évêque de Chartres? Nous l'ignorons absolument. Il serait donc grand temps de ne plus parler des églises de Castor et de Godessald qui ne correspondent à aucun fait historique.

Les fondations du mur de soutènement de la terrasse de l'évêché n'ont pas été établies avant le IX° siècle, comme l'affirme M. Mayeux. Quand les Normands eurent pillé Chartres le 12 juin 858 (3), ils renversèrent une partie des murailles gallo-romaines. Après leur départ, les habitants réduisirent le périmètre de la cité et l'évêque Gislebert repoussa l'enceinte d'une cinquantaine de mètres du côté de l'orient afin de pouvoir agrandir la cathédrale. Au delà du mur romain, il construisit une nouvelle abside en hémicycle dont la forme et les dimensions correspondent au plan du caveau de saint Lubin. Il est évident que ce caveau était une crypte surmontée d'une église haute, car on ne saurait imaginer un chœur coupé en deux par un gros mur comme celui de l'enceinte gallo-romaine.

(1) *Article déjà cité*, p. 53.

(2) *Annales Mettenses*, dans les *Monumenta Germaniæ historica, Scriptores*, t. I, p. 328.

(3) René Merlet et l'abbé Clerval : *Un manuscrit chartrain du XI° siècle*, p. 166. — Guérard : *Cartulaire de Saint-Père de Chartres*, t. I, p. 6.

Cette crypte, dont les cinq fenêtres sans ébrase
ment, aujourd'hui bouchées, s'ouvraient au ras du sol,
ne doit pas être antérieure au milieu du IX⁰ siècle.
Son axe ne coïncide pas avec celui de la crypte de
Fulbert, comme on peut le voir sur le plan dressé par
M. Merlet qui est beaucoup plus exact que le relevé de
M. Mayeux (1). A mon avis, il aut se garder de la rajeunir en la faisant remonter après l'incendie du 5 août
962 (2), car l'appareil des deux piliers carrés M et N, la
base de la demi-colonne H, engagée dans le mur d'enceinte, et les moulures du tailloir encore intact du
côté sud portent l'empreinte d'un style beaucoup plus
primitif que celui de la crypte de Fulbert commencée
en 1020. Le plan de son chevet mérite d'attirer l'attention. En effet, l'étroit couloir en demi-cercle qui se
trouve entre les deux piles et les fenêtres doit être
considéré comme un déambulatoire rudimentaire. Les
architectes du XI⁰ siècle qui ont fait tourner les bas-
côtés autour du chœur des églises romanes se bor-
nèrent donc à amplifier une disposition en usage à
l'époque carlovingienne.

En étudiant la grande crypte bâtie par l'évêque
Fulbert entre 1020 et 1024, M. Mayeux a fait table

(1) Cf. l'article déjà cité, p. 51. Sur ce plan, M. Mayeux donne
aux fenêtres du caveau de saint Lubin un ébrasement extérieur
impossible à constater, car elles sont bouchées depuis le XIᵉ siècle
par un mur qu'il ne fallait pas attribuer à deux époques diffé-
rentes. En outre, les deux contreforts K intérieurs ne sont pas per-
pendiculaires au rempart gallo-romain, mais légèrement obliques.
L'escalier du sud traverse en biais le mur d'enceinte et le mur
du IX⁰ siècle bâti en petit appareil qui vient buter sur le puits
des Saints-Forts est teinté comme les parties du XIIIᵉ siècle.
(2) *Un manuscrit chartrain du XIᵉ siècle*, p. 171.

rase des opinions de plusieurs archéologues et il n'a
tenu aucun compte des travaux antérieurs de
M. Merlet. C'est aller bien vite en besogne, d'autant
plus qu'on ne voit pas clairement les théories qu'il
veut substituer aux démonstrations si probantes de
notre confrère. Pour réfuter les mémoires de M. Merlet (1), il faudrait discuter un à un ses arguments en
trouvant une autre interprétation de textes connus et
déjà critiqués. Il serait également nécessaire que ces
nouvelles traductions ne ressemblent pas à celles que
M. Mayeux a cru devoir imaginer, en prouvant ainsi
qu'il n'est pas préparé à l'étude des textes.

Quand Fulbert écrit à Guillaume d'Aquitaine au
mois de septembre 1024 et non pas le 15 octobre 1021,
comme M. Mayeux l'a prétendu, il lui annonce que la
construction de ses cryptes est achevée et qu'il va se
hâter de les couvrir avant l'hiver. Voici comment
M. Mayeux interprète ce passage : « Nous avons
parachevé nos parties cachées (cryptas nostras per-
solvimus) et non cryptes qui s'appelaient alors grottes
ou caves ». J'avoue que je ne saisis pas bien le sens de
cette traduction. Aucun érudit, sachant que Fulbert
était alors occupé à reconstruire sa cathédrale, ne son-
gera à voir dans *cryptas* autre chose que le mot crypte.
Ce mot doit être pris dans sa véritable acception,
comme dans les *Miracles de saint Benoit* et dans
bien d'autres textes où on le rencontre à plusieurs
reprises. Au moment où Fulbert envoya cette lettre au

(1) *Date de la construction des cryptes de la cathédrale de Chartres.— Fouilles dans la cathédrale de Chartres pour l'établissement
d'un calorifère*, dans les *Mémoires de la Société archéologique d'Eure-
et-Loir*, t. X, p. 161 et 289.

duc d'Aquitaine, il avait déjà commencé depuis quatre
ans la reconstruction de sa cathédrale, en commen-
çant par la crypte qui formait l'étage inférieur. Quand
il dit: « J'ai achevé mes cryptes » il ne pouvait faire
aucune allusion au caveau de saint Lubin qui n'a cer-
tainement pas été construit par Fulbert, comme
M. Mayeux en convient, et qui remonte au IXe siècle.

Cette fausse interprétation de la lettre de Fulbert a
pour but de rajeunir une erreur réfutée déjà bien des
fois et dont la paternité appartient, je crois, à M. l'abbé
Hénault (1). En effet, suivant l'opinion de cet archéologue
et de M. Mayeux, la crypte de Fulbert ne serait réel-
lement une crypte que depuis l'incendie de 1194. Elle
aurait formé auparavant les bas-côtés et le chevet d'une
cathédrale antérieure à celle du XIIIe siècle. Une hypothèse aussi bizarre ne sera jamais acceptée par ceux
qui examineront avec soin la disposition de ces vastes
galeries souterraines. L'aspect offert en élévation par
les bas-côtés d'une cathédrale qui auraient 80 mètres
environ de longueur et 4^m40 de hauteur sous voûte
eût été déplorable et ce défaut de proportions est si
évident qu'aucun architecte du moyen âge n'aurait pu
concevoir une pareille construction.

Pour justifier sa singulière théorie, M. Mayeux
commence par baisser de 1^m80 le carrelage actuel en
donnant à la crypte 6^m20 de hauteur sous la clef
des voûtes d'arêtes (2). C'est une opération tout à fait
arbitraire. Sans doute le niveau du sol de la crypte a pu
s'exhausser légèrement chaque fois qu'on a renouvelé

(1) *Recherches historiques sur la fondation de l'église de Chartres,*
p. 430.
(2) Article déjà cité, fig. 1.

le carrelage, mais rien ne prouve qu'au XIe siècle le dallage primitif fût à 1^m80 en contre-bas. Les fouilles faites par M. Merlet autour du puits des Saints-Forts n'ont fait découvrir aucune trace d'anciens pavages enfouis dans la terre.

Au IXe siècle, le sol du caveau de saint Lubin était à 3^m60 en contre-bas du carrelage actuel de la crypte de Fulbert, comme l'indique le socle de la demi-colonne H incrustée dans la muraille gallo-romaine, mais après l'incendie de 1020, Fulbert remblaya l'hémicycle extérieur de l'abside de la crypte carolingienne dont il fit boucher les fenêtres. En donnant au déambulatoire et aux bas-côtés de sa crypte une faible hauteur sous la voûte, suivant l'habitude de tous les architectes de l'époque romane, il pouvait augmenter la solidité des fondations de sa cathédrale qui descendent à 3 mètres sous le dallage de la crypte. Si l'on admettait la théorie de M. Mayeux, la profondeur des tranchées de fondation serait réduite à 1^m20, d'après son relevé, ce qui est tout à fait insuffisant pour un monument aussi important que la cathédrale du XIe siècle.

Si les galeries latérales de la crypte servaient de bas-côtés à la cathédrale de Fulbert, endommagée par l'incendie du 11 septembre 1030 et consacrée le 17 octobre 1037 par son successeur Thierry, comment expliquer la descente dans la crypte par deux escaliers d'une vingtaine de marches qui se trouvent au-dessous des clochers de la façade ? La thèse de M. Mayeux, éclairée par une citation de M. l'abbé Hénault (1), consiste à prétendre que la nef de la cathédrale de

(1) Article déjà cité, p. 56.

Fulbert est enfouie sous le sol de la nef actuelle. Elle aurait donc communiqué de plein pied avec les bas-côtés de la crypte au XIe siècle, et *les murs opposés aux fenêtres de ces galeries seraient des murs de remplissage établis après coup entre les piles primitives.* Il faudrait donc admettre que la nef de Fulbert a été remblayée de 6 à 7 mètres. Or les pilastres larges de 1m 90 qui reçoivent les retombées des voûtes d'arêtes dans les bas-côtés de la crypte font corps avec le mur de fond et ne ressemblent nullement à des dosserets de piliers primitifs. On ne voit aucune trace de décollement au bord des maçonneries qui auraient obstrué l'ouverture des arcades de la nef romane.

D'ailleurs, le témoignage de M. Paul Durand vient contredire la singulière théorie de M. Mayeux : « Dans « l'une des premières travées de la crypte, dit-il, « M. Lassus fit pratiquer une excavation horizontale « d'environ deux mètres, s'enfonçant sous le sol de la « nef de l'église haute : on reconnut que c'était un « massif de terre sans aucune construction ni excava- « tion souterraine » (1). Il faudrait donc supposer que la nef de la cathédrale de Fulbert était dépourvue de bas-côtés supérieurs, en considérant les deux galeries de la crypte comme des collatéraux établis en contre-bas du vaisseau central. Cette hypothèse bizarre ne vaut pas mieux que la précédente.

M. Merlet a eu bien raison de soutenir que la cathé-drale de Fulbert se composait de deux étages et que ses collatéraux, dont les fenêtres sont figurées sur la miniature d'André de Mici (2), peinte vers 1028, se

(1) *Monographie de Notre-Dame de Chartres*, p. 4.
(2) René Merlet et l'abbé Clerval : *Un manuscrit chartrain du XIe siècle*, pl. III.

trouvaient au niveau du dallage de la nef, suivant le plan classique des architectes du XI⁰ siècle. Sans énumérer toutes les preuves de cette disposition, je me contenterai d'attirer l'attention sur les traces que les toitures des bas-côtés antérieurs à l'incendie de 1194 ont laissées sur les faces orientales des deux clochers. J'ai déjà signalé le solin taillé dans les assises de la tour du sud du côté de l'est (1). Son existence suffit à démontrer que les bas-côtés supérieurs de la cathédrale de Fulbert, prolongés d'une travée au XII⁰ siècle, comme les deux galeries de la crypte, quand on construisit le clocher méridional, étaient presque aussi élevés que ceux de la nef gothique. La théorie de M. Mayeux reçoit de ce fait un irréfutable démenti.

Dans les fouilles faites en 1891 pour l'établissement d'un calorifère, on a découvert du côté sud deux fenêtres de la crypte dont l'archivolte en plein cintre, à joints très épais, se compose de claveaux de pierre alternant avec des briques (2). M. Merlet est d'avis que ces baies sont celles de la crypte à l'époque de Fulbert et M. Mayeux contredit cette opinion en raison de leur caractère archaïque. Or il est certain que ce mode de construction si fréquent à l'époque gallo-romaine était encore en usage à la fin du X⁰ siècle, par exemple à la Basse-Œuvre de Beauvais, dont les fenêtres présentent des claveaux de pierre séparés par des briques. Les grandes arcades de l'église Saint-Martin d'Angers et les baies du vieux donjon de Langeais, bâtis par Foulques Nerra au commencement du XI⁰ siècle,

____

(1) *Congrès archéologique de Chartres,* p. 282.

(2) René Merlet et l'abbé Clerval : *Un manuscrit chartrain du XI⁰ siècle,* p. 83.

offrent des exemples du même appareil. Je ne vois
donc pas pourquoi cette disposition n'aurait pas encore
été employée à Chartres vers 1020, d'autant plus que
les jambages de ces deux fenêtres sont en moyen
appareil.

En réalité, les baies des bas-côtés de la crypte
encore visibles à l'extérieur ont été remaniées dans
le dernier tiers du X Iᵉ siècle et l'arc de décharge en
plein cintre qui les encadre au dehors est une œuvre
du XIIIᵉ siècle. Voilà pourquoi leur ébrasement et
leurs claveaux à joints fins portent l'empreinte d'un
autre style que les fenêtres primitives de la crypte de
Fulbert. Il faut attribuer ce remaniement à la même
date que le portail en plein cintre flanqué de deux
colonnettes qui donne accès dans la crypte au sud de
l'abside.

Je ne trouve rien à modifier à la restitution de la
cathédrale de Fulbert esquissée par M. Merlet en
1893 (1), sinon qu'il convient d'y ajouter trois porches
au nord, au sud et à l'ouest après les résultats des
fouilles de 1891 et de 1901. Ce vaste édifice comprenait une nef aussi large que celle de la cathédrale
actuelle, recouverte de charpente et flanquée de deux
bas-côtés supérieurs qui correspondaient à ceux de
la crypte. Il ne faut pas s'étonner d'une pareille largeur qui se retrouvait dans certaines nefs du XIᵉ siècle, par exemple à Saint-Étienne de Caen et à Saint-
Ouen de Rouen, comme les fouilles de 1884 l'ont
démontré. Les piles romanes devaient correspondre
à celles de la nef gothique. Quant l'architecte du
XIIIᵉ siècle monta les travées, il leur donna la même

____

(1) *Un manuscrit chartrain du XIᵉ siècle*, p. 71.

largeur qu'au XIe siècle, mais comme il se trouvait resserré entre les tours et la façade de la cathédrale de Fulbert dont j'ai découvert les fondations au droit de la seconde pile à quatre colonnes de la nef, il ne put ajouter deux travées qu'en donnant moins d'ouverture à la première arcade qu'à la seconde. Voilà pourquoi la première travée renferme trois arcatures de triforium et la seconde quatre.

Le chœur de la cathédrale de Fulbert reproduisait le plan du chevet de la crypte dont le déambulatoire communiquait avec trois chapelles rayonnantes. M. Mayeux a su démontrer que le plan très original de la grande abside du XIIIe siècle fut imposé à l'architecte par la nécessité de faire coïncider le tracé du rond-point avec les murs des cryptes, mais il a eu tort de reprendre pour son compte des théories surannées et d'inventer de nouvelles hypothèses en contradiction avec les textes et avec les principes de l'archéologie.

Caen. — Imp. H. DELESQUES, rue Froide. 2 et 4.